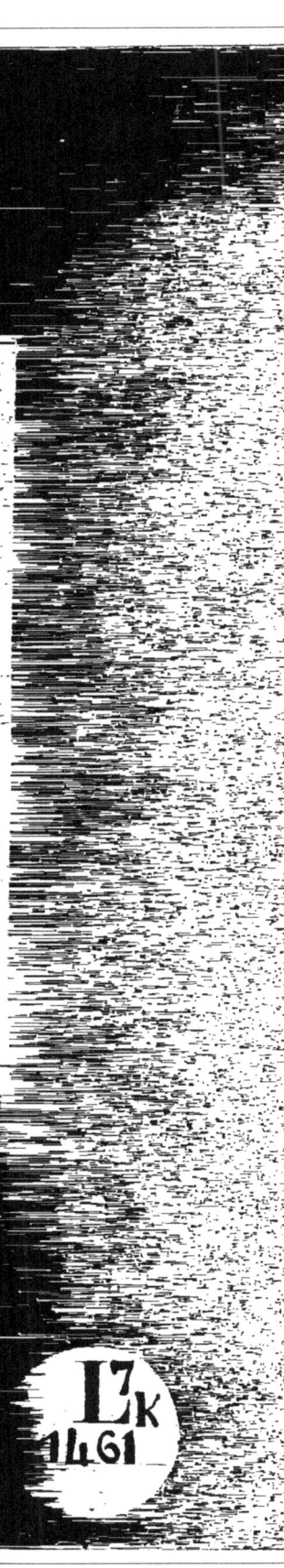

LK 1461.

LE CHATEAU DE BRUNIQUEL

SOUS BAUDOUIN DE TOULOUSE [1] ;

Par Gustave DE CLAUSADE.

La foi s'éteignait au XIIe siècle dans les Etats des comtes de Toulouse, et avec elle disparaissait l'ordre politique. Dès l'an 1147, saint Bernard, chargé par le Pape de combattre l'hérésie que les scandales du clergé propageaient autant que les prédications des Vaudois, secouait, dit-il, la poussière de ses sandales en quittant des villes impies où l'on voyait des églises sans peuple, un peuple sans prêtre, et le prêtre sans ministère [2]. Le mal ne fit qu'empirer après lui. Les charges publiques étaient occupées par des juifs ; des troupes de routiers sillonnaient le pays, pillant les voyageurs et brûlant les châteaux ; des usuriers manifestes exerçaient impunément leur odieuse industrie ; enfin, suivant Guillaume de Puylaurens, les ténèbres étaient descendues, et les bêtes de la forêt du démon erraient au milieu d'une nuit d'ignorance [3]. Pour mettre un terme à cet état de choses, une croisade s'organisa, en 1208, par l'ordre du pape Innocent III et du roi Philippe-Auguste, contre les hérétiques Albigeois, ainsi nommés depuis le Concile de Lombers en Albigeois, où ils furent condamnés en 1176.

---

[1] Extrait de l'*Histoire du château et de la vicomté de Bruniquel*, en Querci.
[2] Epist., pag. 241.
[3] Chron. Wilh. Pod. Laur. prolog.

L'esprit aventureux qui s'était emparé de toutes les têtes par les voyages d'Orient, cherchait un aliment nouveau pour son activité. On était las des croisades infructueuses d'outremer, et l'on saisit avec ardeur le prétexte religieux qui ranimait l'antipathie existant entre des peuples différents de mœurs et de langage, ceux du Nord et ceux du Midi de la France. Aussi, dès qu'on eut dit aux barons d'outre-Loire qu'ils pouvaient combattre pour le Seigneur sans porter leurs pas dans les déserts de l'Orient, et que le Pape promettait aux soldats de la croisade contre les Albigeois les mêmes indulgences qu'à ceux qui servaient dans la Terre-Sainte contre les infidèles, ils vinrent en toute hâte pour relever avec l'épée l'autel de J. C. ébranlé sur sa base, dans l'espoir surtout d'acquérir de beaux fiefs au soleil de Provence et de Languedoc. Ce fut un combat à mort entre deux races, la dernière invasion des Francs dans le Midi, la lutte de la féodalité contre le régime municipal.

Raymond VI, comte de Toulouse, coupable seulement d'indulgence en faveur des hérétiques, avait été séparé de la communion des fidèles et flétri du nom de tyran de la foi. Il avait vu l'interdit jeté sur ses terres, et ses vassaux déliés du serment de fidélité à sa personne; enfin, il s'était soumis à toutes les humiliations que lui avaient infligé les légats du Pape, et avait pris les armes avec les Croisés contre ses propres sujets (**1209**).

Raymond Roger, vicomte de Béziers et de Carcassonne, eut à supporter les premiers assauts de la croisade, malgré ses protestations de dévouement à l'Eglise romaine. Ses terres furent envahies par l'armée française, conduite par les légats; et Simon de Montfort, élu chef de cette croisade armée par le fanatisme et pour la spoliation, ne tarda pas à en être investi. Mais ce n'était pas assez pour son ambition sans mesure, et il se disposa à s'emparer encore des domaines du comte de Toulouse. Raymond VI comprit alors que sa participation à la croisade ne servait qu'à accroître les exigences de Montfort. Il résolut d'aller à Paris et à Rome pour se plaindre au Roi de

France des odieuses vexations du chef des croisés, et se justifier auprès du Pape des accusations de Milon, son légat.

Avant de quitter la cour de Philippe-Auguste pour se rendre à Rome, il déposa dans l'abbaye de Saint-Denis un testament qu'il avait fait en cas de mort dans le voyage, et par lequel il donnait à Bertrand, son fils naturel, les châteaux de Caylus et de Bruniquel avec leurs dépendances (1) (20 septembre 1209). Il témoignait ainsi de son désir d'en faire le chef d'une seconde race de vicomtes de Bruniquel, issus de la maison de Toulouse, comme la première.

Raymond VI avait un frère nommé Baudouin, qui naquit en France, et fut élevé à la Cour des rois Louis-le-Jeune, son oncle maternel, et Philippe-Auguste son cousin germain. Baudouin sympathisait, par son éducation, avec les hommes d'outre-Loire. Il n'était venu dans la province qu'après la mort de son père, le comte Raymond V, décédé en 1194. Raymond VI refusa longtemps de le reconnaître pour son frère; mais les barons et les prélats français ayant attesté par écrit qu'il était fils légitime de Constance de France, épouse répudiée du comte Raymond V, il se vit, pour ainsi dire, forcé de l'apanager en qualité de cadet de la maison de Toulouse. Par son testament de 1209, il lui avait légué l'engagement du comté de Milhau et de la Roque de Valsergue en Rouergue, c'est-à-dire, une créance pour laquelle Pierre, roi d'Aragon, avait donné ces terres en garantie. La pression

---

(1) « Item dono et dispono Bertrando meo filio Castluscium et Bruniqueldum cum eorum pertinentiis, sub tali vero conditione, quod Bertrandus meus filius teneat jam dicta castra a Raymundo filio meo, et quod sit tamen suus homo; et Raymundus meus filius quod faciat ei jam dicta castra quiete tenere et possidere, et quod sit inde ei adjutor et defensor ab omnibus hominibus, et quod Bertrandus meus filius nec sui infantes non possint jam dicta castra a se alienare ullo tempore, quin remaneant meis hæredibus, si forte ab ipso Bertrando sine infante ex legitimo matrimonio, vel de suo infante sine alio infante nato ex legitimo matrimonio, decesserit. Et si ab ipso Bertrando sine infante nato ex legitimo matrimonio decedebat, mando et dispono quod prædicta castra remaneant meo filio. » *Hist. gén. de Lang.*, nouv. édit., t. v, Pr., p. 571.

violente qu'exerça sur son esprit le parti de la croisade auquel il avait cru un moment pouvoir se livrer sans péril, le détermina à donner à Baudouin, qu'il n'aimait pas, la vicomté de Bruniquel, ancien apanage d'une branche éteinte de sa maison, au lieu de la réserver pour Bertrand son fils naturel et bien-aimé. Ce fut un sacrifice que la politique imposa à son cœur.

Peu de temps après, le concile d'Arles (février 1211), prouva au malheureux comte de Toulouse que la croisade contre les Albigeois était un prétexte imposteur pour infliger au Midi la domination française, et qu'elle n'avait d'autre but que la conquête de ses propres états, au bénéfice de Simon de Montfort. Raymond, dans une pareille extrémité, revint, *courant le plus qu'il put*, dans sa capitale pour y faire un suprême appel à son peuple. Il lui montra lui-même la charte contenant les dures injonctions du concile, et ses sujets, indignés, se levèrent en armes pour défendre avec leur souverain le sol de la patrie et leurs antiques libertés. De Toulouse le Comte se rendit en Querci, la charte au poing (*la carta e son punh*), et les Montalbanais qu'il trouva les premiers sur son passage répondirent à sa voix qu'ils mangeraient leurs enfants plutôt que de subir les conditions du concile (mars 1211). Les villes voisines suivirent avec enthousiasme ce généreux mouvement. Bruniquel fut, dans la première effervescence, enlevé sans peine à Baudouin de Toulouse, justement suspect à la cause méridionale, et remis sous l'autorité du comte Raymond VI.

La guerre se ralluma plus vive que jamais. L'un des premiers faits d'armes qui signalèrent les nouvelles hostilités fut la prise de Lavaur (3 mai 1211), par le chef de la croisade. De cette ville il se rendit en toute hâte au château de Montferrant, près Castelnaudary, où il espérait remporter une victoire bien autrement importante que la conquête d'une place forte. « Là était, dit Guillaume de Tudela, le preux et vaillant comte Baudouin, qui, de sa personne, valait, en armes, Roland et Olivier; et s'il avait eu de grandes terres, comme d'autres princes, il en aurait, de son vivant, conquis bien d'autres. Le comte Raymond son frère l'avait là mis à la défense; et si le château eût été fort comme il était grand de nom, les Français ni les Allemands ne l'auraient pris de leur vie... Quatorze chevaliers, et je ne sais combien d'autres, se trouvent dedans avec le comte Baudouin, qui attend le siége des superbes Français. »

Le poëte que nous venons de citer, Guillaume de Tudela, auteur de l'histoire en vers de la croisade contre les hérétiques albigeois, publiée et traduite par M. Fauriel, a fourni le texte de nombreuses dissertations historiques et littéraires. Ce n'était ni un anonyme, ni un clerc natif de la ville de Tudela en Navarre; mais ce que Fauriel ne soupçonnait pas, et ce qui tranche bien des questions, un poëte originaire du lieu de Tudela en Gascogne (1), Guillaume écrivit dans l'idiome usité de son temps en Bas-Querci, où il composa son poëme. Il s'attacha à la fortune de Baudouin de Toulouse, et fut son poëte attitré, ainsi que nous le verrons plus bas.

Après quelques détails du siége, Guillaume de Tudela ajoute : « Et grand miracle fit Jésus le tout-puissant, qui sauva Baudouin et les siens d'être pris tous à cet assaut. Le comte de Montfort, ainsi que beaucoup d'autres, portaient bienveillance au comte Baudouin pour tout le bien qu'ils en entendaient dire; et grand pitié les prenait de lui seul, car des autres ils n'en donneraient pas la valeur d'une noix. Le comte de Châlons fit alors chose fort courtoise : il envoya vers le château un croisé qui se met à crier à haute voix : « Seigneur comte Baudouin, venez en toute sûreté ; ici, dehors, vous attend mon seigneur le comte; et un accord avec vous plaît à tous nos barons. » Qu'ai-je besoin de vous faire plus long discours ? Le Comte, entendant la proposition, est sorti, il sait bien qu'il ne peut plus guère se défendre, et finit par rendre le château aux Croisés avec les vivres, le pain, le vin

---

(1) Aujourd'hui Tudelle, commune du canton de Vic-Fezensac, arrondissement d'Auch, département du Gers.

et le blé qui s'y trouvent. Tous les siens sortirent avec leurs armes, après avoir juré sur les saints Evangiles, qu'ils ne feraient plus de leur vivant la guerre aux Croisés, et ne soutiendraient plus la chétive gent mécréante. Là-dessus ils déguerpissent du château, et s'en retournent là d'où ils sont venus. »

L'histoire en prose de la croisade contre les Albigeois, écrite aussi en langue vulgaire, et longtemps après la chronique en vers qui lui servit de modèle, ne dissimule pas sous tant d'artifices poétiques la trahison de Baudouin de Toulouse à Montferrant. Loin de la blâmer, elle la présente à son tour comme honorable et nécessaire, et la fait servir à prouver la générosité du vainqueur. Elle prête, en outre, à Montfort un discours insidieux, afin de réveiller dans le cœur de Baudouin des sentiments de méfiance contre son frère. Baudouin allant parlementer lui-même dans le camp de Montfort était résolu d'avance à livrer le château et à s'enrôler dans la croisade. Il ne s'agissait donc pour lui que de vendre son épée le plus chèrement possible. Le comte de Montfort lui promit, s'il voulait demeurer avec lui, de lui donner des seigneuries suffisantes pour tenir son rang (1), et de le faire participer à ses conquêtes. L'armée de la croisade, déployant à côté de la bannière au lion de Montfort la bannière à la croix de Toulouse, grandissait en prestige et en influence morale aux yeux des populations du Midi.

Simon de Montfort avait compris combien il importait au succès de sa cause de faire alliance avec Baudouin; aussi dirigea-t-il ses pas, au début de la campagne, vers le château confié au frère de Raymond VI, dans l'espoir qu'il lui serait livré après une faible résistance. Baudouin, gagné à la croisade, avait droit à une prompte réintégration dans la vicomté

---

(1) « Lo comte de Montfort y promet que se ambél se vol tenir et estar, que ly donaria terra et senhoria per son estat entretenir et que de tot so que se gasanharia lo fara participant. (*Hist. gén. de Lang.*, nouv. édit., t. V, Pr. p. 478.)

de Bruniquel, qu'il avait possédée un moment, et que son frère lui avait sitôt ravie. C'était le prix naturel de sa capitulation, le premier gage de reconnaissance que lui devaient les croisés. Baudouin, privé de cet apanage acquis à son rang par des traditions de famille qu'il tenait à faire revivre, n'était plus, sans lui, qu'un frère déshérité du comte de Toulouse. Il avait donc hâte de le recouvrer, et, dans ce but, il se dirigea immédiatement vers Bruniquel (1). Mais son frère s'y rendit avant lui, de sorte que Baudouin ne put s'emparer que de la ville, tandis que Raymond VI occupait le château (commencement de juin 1211).

Simon de Montfort, après son heureuse expédition de Montferrant, se rendit également en Querci où Baudouin avait convié l'armée de la croisade. Les mouvements stratégiques de Lavaur à Montferrant, et de Montferrant au Bas-Querci, s'expliquent donc par la double conquête à faire et de Baudouin et de Bruniquel. A l'approche des troupes victorieuses de Simon de Montfort, les villes d'Albigeois se soumettent sans résistance. Les châteaux les plus voisins de Bruniquel, Puycelsi, Saint-Antonin et bien d'autres lieux tombent en son pouvoir; et lorsqu'il se voit maître du pays, il se dispose à faire le siége du célèbre manoir vicomtal, défendu par le comte de Toulouse en personne.

Les habitants de Bruniquel redoutaient, selon le poëte, la vengeance des Croisés pour avoir dépossédé Baudouin de Toulouse et reconnu volontairement l'autorité du comte Raymond VI. Dans leur désespoir, ils se disposaient à mettre le feu à la ville lorsque Baudouin survient et s'en empare. Maître de la ville, il ourdit secrètement la défection parmi les défenseurs du château, et oblige ainsi le comte de Toulouse à lui abandonner la place (11 juin 1211).

---

(1) « Et à donc lodit comte Baudoy s'en es anat et tirat dins lo loc de Bruniquel, loqual era de son di fraire. » (*Hist. gén. de Lang.*, nouv. édit. t. v, Pr. p. 479, Pr. des addit., p. 122, col. 2.)

Maintenant nous allons laisser parler la chronique ; elle paraîtra moins obscure après les explications qui précèdent.

« Et le comte Baudouin, dont je vous ai parlé, défendit Bruniquel et le préserva de ceux qui voulaient le brûler, dans la frayeur où ils étaient des Croisés, qui venaient contre eux courroucés. Et le comte de Toulouse l'aurait bien désiré (que le château fut brûlé), si les hommes de la ville eussent voulu l'en croire, tristes et dolents comme ils étaient.

« Le preux comte de Toulouse est dans Bruniquel : tout le monde voulait s'enfuir du château ; mais le comte Baudouin leur a fait dire en secret que s'ils veulent rendre le château, il se rendra leur garant, à condition qu'il ne relèvera plus de son frère. A cette proposition, tous, chevaliers et servants, s'écrient : « Seigneur, le voulez-vous, que le Comte soit notre garant ! » « J'en ferai à votre volonté » dit alors le Comte. Là-dessus, en présence de tous, il les absout de leur serment, et eux font avec le comte Baudouin leur accord ; tous, pauvres et riches, lui jurent fidélité pour le château. Il s'en vient alors aux Croisés, qui sont ses amis, et les prie de donner sûreté à ceux de Bruniquel. Les Croisés y consentent, mais à cette condition qu'il se joindra à eux, et les conquêtes qu'il fera avec eux seront à lui sans contredit. Ils lui octroient cela d'une commune voix, pourvu qu'il les veuille aider. »

L'accord de Montferrant était renouvelé en même temps qu'il recevait pour première récompense la réintégration de Baudouin dans la vicomté de Bruniquel. Le témoignage de Guillaume de Tudela est suspect de partialité en ce qui concerne les Croisés et surtout Baudouin de Toulouse son Mécène. Le comte Raymond VI, trahi par les siens dans le château de Bruniquel, l'abandonne avec une sorte de complaisance qui enlève à la défection tout ce qu'elle a d'odieux et de triste. Le comte de Toulouse ne cède pas à la fatalité qui faisait Montfort victorieux par le seul effroi de ses armes ; il autorise, il légitime en quelque sorte lui-même, si l'on en croit l'historien poëte, l'occupation du château de Bruniquel par Baudouin, et lève tous les scrupules de ceux qui croiraient encore devoir lui rester fidèles.

Quant à Baudouin, sa conduite devient de plus en plus difficile à justifier : le poëte l'essaie toutefois à propos de l'entrevue des deux comtes à Toulouse. Il la place à la suite de la prise de Bruniquel par Baudouin, et non avant comme l'histoire en prose. Une transposition a eu lieu dans l'un ou l'autre récit ; tous les deux en offrent, du reste, plusieurs. Le poëte, contemporain des faits qu'il raconte, ne s'est pas rigoureusement astreint à les placer tous dans l'ordre chronologique ; il anticipe parfois sur les événements ; il y revient après les avoir déjà racontés, selon que l'enchaînement des idées les rapproche dans son esprit. A propos des différends entre les deux comtes, et cherchant à prouver que Baudouin était parfaitement autorisé par les circonstances et par son frère lui-même à s'enrôler dans la croisade, il parle alors, pour la première fois, de leur fâcheuse entrevue à Toulouse, du moins d'après la copie altérée qui nous est seule connue à défaut de l'œuvre originale. Quoi qu'il en soit, voici ce qu'ajoute le poëte :

« Le comte Baudouin s'en retourne aussitôt après avoir conclu son accord avec le comte de Montfort. Il s'en va à Toulouse parler avec le comte Raymond son frère, lequel peu l'aimait, et ne voulut jamais lui donner rien de ce que l'on donne à un frère, ni l'honorer en sa cour. Il lui permit, au contraire, deux fois ou trois, par serment, de s'arranger avec les Croisés. Lui, ne pouvant rien de plus, prit congé de son frère sans vouloir rester davantage avec lui ; il revint à l'host pour garder sa parole. Malgré tout cela, il n'aurait pas si durement guerroyé contre son frère si celui-ci ne lui eût si injustement fait enlever Bruniquel. »

> Ja ab so nol volgra durament garreiar
> S'il castel de Bruneguel ta mal noilh fes raubar (1).

---

(1) Guill. de Tudela, p. 124.

Ainsi, c'est principalement pour se venger du comte Raymond VI, qui lui avait repris le château de Bruniquel, après le lui avoir donné, qu'il déserta sa cause et lui fit une guerre à outrance. Cette explication n'avait pas encore été fournie ; le texte qui l'établit n'étant connu que depuis peu.

L'auteur de la chronique en prose, désigné quelquefois sous le nom d'historien du comte de Toulouse, parce qu'il est toujours favorable à ce prince, ne raconte pas la prise de Bruniquel avec les mêmes détails. Il passe sous silence la mésaventure du comte Raymond VI, abandonné des siens dans le château, et forcé de se retirer devant un frère félon. C'est Montfort seul qui traite avec Baudouin de Toulouse, et l'investit de la seigneurie, objet de sa convoitise. « Simon de Montfort, dit-elle, voulut assiéger Bruniquel ; mais le comte Baudouin vint au-devant de lui avec son armée et lui demanda cette place, car il n'avait pas d'autre lieu pour se retirer et demeurer (*aldit de Montfort ladita plassa a demandada, car autre loc ni plassa no avia per se retirar et demorar*). Montfort là lui donna et octroya pour en faire à son plaisir et à sa volonté. »

Avec le château de Bruniquel, Baudouin de Toulouse reçut également en fief plusieurs terres voisines, la vicomté de Montclar en Querci, et la baronie de Salvagnac en Albigeois (juin 1211), comprises dans les domaines des vicomtes de Bruniquel de la première race.

Peu de temps après, pour faire diversion à quelques succès obtenus par les Croisés vers Castelnaudary, les amis du comte de Toulouse répandent astucieusement le bruit que les Français sont partout vaincus, et, sur cette fausse nouvelle, plusieurs villes se donnent spontanément au comte Raymond. Baudouin de Toulouse apprit à Montagut en Albigeois, où il se trouvait alors, que les habitants de Gaillac venaient de se révolter contre les gens de Montfort préposés à leur garde, et qu'ils marcheraient le lendemain sur la Grave, château du voisinage, baigné comme leur ville par la rivière du Tarn. Baudouin fut aussitôt leur offrir la bataille : « Les hommes de

Gaillac, et don Doat Alaman, dit la chronique, lorsqu'ils virent déployées au vent les bannières des Croisés, en furent tous en grande joie; ils pensent que ce soit le comte Raymond qui est à la tête des autres, à cause de la croix de Toulouse qui resplendit au vent. Mais quand ils reconnurent, enfin, l'autre croix, ils en furent dolents et tristes. » Cette autre croix était aussi celle de Toulouse, et n'en différait sans doute que par une brisure impossible à distinguer de loin. Les Croisés reprennent Gaillac le même jour, sous la conduite du frère de Raymond VI; après quoi ils s'en retournent à Montagut au coucher du soleil, et le comte Baudouin se rend tout de suite à Bruniquel; mais il a perdu Salvagnac, où croît de beau froment, et il en est fort chagrin. »

Ainsi, pendant l'absence de Baudouin, le château de Salvagnac avait, à l'exemple des villes voisines, Gaillac et Rabastens, secoué le joug de la domination française et reconnu avec confiance l'autorité de Raymond, soi-disant victorieux. Baudouin n'avait rien de plus pressé que d'aller garder lui-même son château de Bruniquel. Il y conduisit les Croisés qui venaient de combattre sous sa bannière dans la plaine de Gaillac.

A peine Baudouin a-t-il quitté l'Albigeois que le preux comte Raymond y arrive avec tout son vasselage. Rabastens, Gaillac, Montagut, Cahuzac, Lagarde, Puycelsi, Saint-Marcel, Laguépie et Saint-Antonin se rendent à lui dans l'espace de quelques jours. Tous les châteaux situés sur les limites de l'Albigeois, du Rouergue et du Querci revinrent à sa seigneurie, sauf Bruniquel, où le comte Raymond ne voulut pas aller, parce que son frère l'occupait (*car no volguet anar ledit conte Ramon aldit Bruniquel, per so que son fraire lo tenia* (1). Cette explication laisse l'esprit dans une vague incertitude sur la véritable cause qui préserva Bruniquel d'une attaque. « A l'exception de Bruniquel, dit le poëte, il reprend

---

(1) *Hist. gén. de Languedoc*, nouv. édit., t. v, p. 2.

tous ces châteaux, en leur faisant croire, par la foi que je crois à Dieu, que le comte de Montfort a été mis en déroute, qu'il s'est enfui dans la terre où il est né, et que jamais Croisés, si longtemps qu'ils vivent, ne reviendront dans le pays, la plupart ayant été tués. Mais, avant six mois, tout cela est changé; le comte de Montfort est arrivé amenant des Français. » Cahuzac tomba en son pouvoir après un siége de deux jours. « Il envoya alors chercher le comte Baudouin à Bruniquel où il était, et celui-ci y vint de gré avec sa cavalerie (1). »

Les Croisés restèrent huit jours jours à Cahuzac avant d'entreprendre le siége de Saint-Marcel en Albigeois, où ils ne « firent chose qui vaille une pomme gâtée, sinon de la dépense ; » mais des renforts considérables venus d'Allemagne, de Lombardie et autres lieux, rendirent bientôt l'armée du comte de Montfort merveilleusement nombreuse. Saint-Marcel devint un monceau de ruines, et de là les Croisés se dirigèrent vers Saint-Antonin. Ils s'emparèrent en passant de La Garde et de Puycelsi : « mais vous ne trouveriez pas après un homme qui ose y dormir, tous s'enfuient la nuit (2). Tous se réfugient à Toulouse la grande, dit le poëte, et il ne reste pas dans le pays un seul homme capable de fuir (3). » La panique fut si grande à Saint-Antonin, malgré les préparatifs de défense faits par Adhémar Jourdain, capitaine, et Pons, vicomte de ce lieu, que la ville fut prise « en moins de temps, je crois, que vous n'eussiez fait cuire un œuf (4). » La population s'était portée en foule aux pieds des autels, et les clercs chantaient à haute voix le *Veni sancte Spiritus*, en attendant que leurs vainqueurs eussent prononcé sur leur sort. Les Croisés souillèrent leurs armes par des meurtres abominables ; ils dépouillèrent les

---

(1) Guill. de Tudela, p. 167.
(2) Guill. de Tudela, p. 171.
(3) *Id. ibid.*
(4) *Id. ibid.*

clercs de leurs vêtements, ainsi que les hommes et les femmes qui avaient été chercher un refuge dans l'église et les abandonnèrent de la sorte aux railleries des valets et des ribauds. Les vicomtes de Saint-Antonin furent faits prisonniers et la garde de ce lieu fut confiée, par Simon de Montfort, à Baudouin de Toulouse et à ses compagnons.

Baudouin eut son principal établissement à Bruniquel et régit cette vicomté d'après la coutume des environs de Paris, ainsi que le faisaient les Croisés partout où ils établissaient leur domination. De fréquentes expéditions partirent du château de Bruniquel sous sa conduite. En prenant des villes et des châteaux pour le compte de Simon de Montfort, il conquérait pour lui-même de nouveaux gouvernements et de nouveaux fiefs en Querci, en Rouergue, en Albigeois, en Agenais et dans le pays Toulousain, car le chef de la croisade, pour reconnaître ses services, lui faisait toujours une part dans ses conquêtes. Baudouin de Toulouse lui fut notamment d'un grand secours lorsqu'il assiégeait Moissac et lorsqu'il était assiégé dans Castelnaudary (1212).

L'année suivante, Baudouin de Toulouse prit part à la célèbre bataille de Muret (12 septembre 1213). Le sort des armes paraissant incertain, il encouragea Montfort à faire une sortie contre les assiégeants; résolution extrême qui donna la victoire aux Croisés : « Mieux vaut mourir glorieusement, avait-il dit, que vivre en mendiant », et ces mots avaient donné aux Français un élan irrésistible.

Le 17 février 1214, Baudouin couchait au château de l'Olmie, près de Lauzerte, qu'il était venu visiter avec le gouverneur de Castelsarrasin et le gouverneur de Moissac. Le châtelain, son vassal, résolut de s'en défaire, il fit avertir le commandant du château de Mondenard et mons Ratier, seigneur de Castelnau, ses voisins, dévoués l'un et l'autre au comte de Toulouse. Au milieu de la nuit ils pénétrèrent dans sa chambre et le saisirent pendant que les routiers qui formaient la garnison du château tuaient ou faisaient prisonniers les gens de sa suite.

Baudouin de Toulouse, livré aux routiers de Mondenard, fut conduit par eux au château de Montcucq dans le Haut-Querci. Il endura les plus cruels outrages avec une force héroïque que rien ne put démentir, et fut amené de là à Montauban pour y être jugé par son frère. Raymond VI, qui se trouvait alors à la cour du roi d'Angleterre, arriva dans le pays accompagné de plusieurs barons. Baudouin fut tiré de son cachot et conduit hors de la cité alors nouvelle de Montauban sur la rive gauche du Tarn, là où s'élève aujourd'hui le faubourg de Ville-Bourbon. Raymond VI condamna son frère à mort. « Baudouin demanda la permission de se confesser et l'obtint avec peine ; le comte de Foix, Roger-Bernard son fils, et un chevalier aragonais le prirent ensuite et le pendirent eux-mêmes à un noyer sans autre façon (1). » Son corps fut livré aux Chevaliers du Temple qui le descendirent de l'arbre et l'ensevelirent auprès de l'église de leur commanderie de La Ville-Dieu, située aux environs (12 mars 1214) (2).

Raymond VI, héritier naturel de son frère Baudouin, s'empara de ses domaines par le droit de la guerre, de sorte que la vicomté de Bruniquel rentra de nouveau sous la domination des comtes de Toulouse et fut régie directement par eux ou le capitaine qui commandait le château en leur nom.

Le poëte historien de la Croisade cesse de parler de Baudouin de Toulouse, après la bataille de Muret du 12 septembre 1213, il passe même sous silence l'année 1214 tout entière, pendant laquelle Beaudouin périt d'une mort tragique, ainsi qu'on vient de le voir. Cette lacune ne saurait s'expliquer et n'existait pas certainement dans le manuscrit original (3). La

---

(1) *Hist. gén. de Lang.*, nouv. édit., t. v.

(2) Chronicon Wilh. de Podio Laurentii, capit. 23.

(3) La chronique de la guerre des Albigeois, écrite en prose vulgaire du xive siècle, publiée par Dom Vaissete et dans le Recueil des Historiens de France, tome xix, ne contient pas le récit de la mort de Simon de Montfort. Ce récit a été retrouvé dans un manuscrit plus complet, appartenant à la Bibliothèque de la ville de Toulouse, et publié par M. du Mège, en 1842.

version du poëme, publié en 1836 par M. Fauriel, d'après un manuscrit de la bibliothèque impériale, le seul que l'on connaisse, offre un texte évidemment incomplet. Deux ans plus tard, en 1838, on signalait déjà deux fragments inédits du même poëme, dont l'un contient des faits nouveaux relatifs à l'auteur et à Bruniquel. D'après eux, le poëte de la Croisade quitta Montauban où il avait commencé, en 1210, sa chronique en vers, pour se rendre auprès du comte Baudouin à Bruniquel : « Aussi s'en fut-il, comme vous l'avez ouï, vers le comte Baudouin que Jésus garde et guide. Il vint à Bruniquel et y fut accueilli fort joyeusement. Puis Baudouin le fit faire chanoine, sans aucun contredit, du bourg de Saint-Antonin, il l'avait établi là avec maître Tecis qui fort le loue et Jaufre de Poitiers qui ne l'oublie pas. — Il fit alors ce livre (1).

Le troubadour gascon continua son œuvre en quelque sorte sous les yeux de Baudouin, dans son château de Bruniquel. On voit, en effet, qu'il n'ignore rien de ce qui concerne son bienfaiteur. S'il ne le suit pas dans ses expéditions, il n'en sait pas moins tous les détails par ses gens qui les lui disent au retour et il les raconte avec complaisance.

Dans le récit du siége de Moissac, par exemple, il met en relief des faits secondaires, mais d'un intérêt tout spécial pour les personnes au milieu desquelles il vivait : « Le comte Baudouin, dit-il, faisait là grande dépense : il mangea mainte oie grasse et maint chapon rôti, tout en dressant parmi l'host les gates et les engins de guerre, ainsi que me le conta son baile, le prévôt; et il y avait là grande abondance de vin et d'autre victuaille (2). » Les routiers tuent, dans une des fréquentes

---

dans la nouvelle édition de l'Histoire générale de Languedoc (tome v, Preuv. des Addit.) Une semblable bonne fortune est peut-être réservée à la chronique en vers, et permettra de combler la lacune relative à la mort de Baudouin de Toulouse.

(1) *Lexique roman ou Dictionnaire de la Langue des Troubadours.... précédé d'un nouveau choix des poésies originales des Troubadours*, etc., par M. Raynouard, tome 1er, p. 227.

(2) Guill. de Tudela, p. 183.

batailles de ce siége, un damoiseau du comte Baudouin ; Guillaume de Tudela lui consacre cet étrange souvenir : « Rien, ni heaume, ni haubert ne peut le garantir de mort ni empêcher que dans le ventre, comme en un sac de paille, ne lui fût la flèche plongée (1). » Baudouin et les siens, parmi lesquels il nomme Armand de Montlanard, au bon cheval courant, et les fils de Hugues Delbreil (2), vaillants et preux, défont les Montalbanais qui venaient au secours de Moissac. « Ils pourchassent de tous cotés et si bien ceux de Montauban, dit Guillaume de Tudela, qu'ils leur prennent huit bons chevaux dont un auferand (cheval de bataille) qu'eut un arbaletier (3). » Ce dernier trait rappelait sans doute à Baudouin un incident connu surtout à Bruniquel et dont le poëte inséra le souvenir dans sa chronique pour plaire à son entourage.

Notre sujet nous invite à entrer dans quelques développements relatifs à une importante question littéraire encore fort obscure : cette histoire peut servir à en éclairer la solution. A ce titre, nous espérons qu'on voudra bien nous permettre une digression qui s'y rattache incidemment.

Baudouin de Toulouse, nommé gouverneur de Saint-Antonin en Rouergue par Simon de Montfort, après la reddition de cette ville, en 1212, distribua à son tour des faveurs à ceux qui lui tenaient de plus près. Le fragment inconnu à M. Fauriel, et publié en 1838, rapporte qu'il nomma ou fit nommer chanoine de la riche abbaye de Saint-Antonin, le poëte qui racontait si bien ses exploits, ainsi que Maître Thédise et Jauffre de Poitiers. Le premier de ceux-ci, Thédise ou Théodose (4), chanoine de Gênes, avait été associé pour le conseil à Milon, légat du Pape, en 1208. Il l'aida activement à or-

---

(1) Guill. de Tudela, p. 183.
(2) Hugues Delbreil ou Dubreuil, *Ug. del Brolh*, *Huc del Brelh* était un des chevaliers qui défendaient le château de Montferrant sous les ordres de Baudouin de Toulouse, en 1211, et qui capitulèrent avec lui.
(3) Guill. de Tudela, p. 187.
(4) Dom Vaissete, nouv. édit., t. v, p. 112.

ganiser la croisade contre les hérétiques albigeois, et signifia au comte Raymond VI la sentence rendue contre lui par le concile d'Arles, en 1211. Guillaume de Tudela l'appelle « un des meilleurs clercs et des plus savants. » Le second, Jaufre, de Poitiers, « s'était soigneusement entremis » de l'éducation du jeune fils du comte de Toulouse à l'époque où Raymond VI, commandant lui-même la croisade contre les Albigeois, subissait la tyrannique influence des barons français et avait promis de donner son fils à la fille de Montfort. Guillaume de Tudela, maître Thédise et Jaufre de Poitiers avaient tous les trois des titres particuliers à l'amitié de Baudouin par les antécédents les plus hostiles à la cause méridionale.

Le troubadour Guillaume de Tudela devint chanoine de Saint-Antonin, en 1212, à l'exemple du troubadour Foulques de Marseille, qui était devenu évêque de Toulouse, en 1205. Le clerc poursuivit à Saint-Antonin le poëme commencé par le troubadour à Montauban et à Bruniquel. *Adonc fit el cest libre* ; alors il fit ce livre. Il ajouta une seconde partie à la première, qui se termine au moment où le roi Pierre d'Aragon lève une armée pour venir combattre à côté du comte de Toulouse son beau-frère, sous les remparts de Muret : « Et moi, si je vis assez longtemps, je verrai qui vaincra ; je mettrai en l'histoire ce dont je serai informé, et j'écrirai de nouveau tout ce dont il me souviendra, autant que le sujet ira en avant, jusqu'à ce que la guerre soit finie (1).

Cette première partie, consacrée à la glorification de la croisade, est écrite avec un esprit fanatique et passionné qui applaudit sans réserve aux plus coupables excès de l'armée de Montfort. Le poëte exprime de tout autres sentiments dans la continuation de son œuvre, car la forme du récit parvenu jusqu'à nous n'admet aucune division. Les deux parties sont si

---

(1) Guill. de Tudela.

bien liées l'une à l'autre dans le manuscrit, qu'elles ne pouvaient être séparées par leur éditeur.

A l'occasion de la bataille de Muret, placée au début de la suite ou reprise du poëme, l'auteur manifeste quelques sympathies pour les Toulousains vaincus dans cette grande journée (1). Tout en se maintenant dans l'orthodoxie catholique, il finit par décrire la guerre des Albigeois comme une entreprise de violences et d'iniquités. Cette divergence si extraordinaire dans la composition d'un même ouvrage, a été signalée, mais non expliquée jusqu'à ce jour. Pour s'en rendre compte, ou, du moins, trouver une explication satisfaisante, il faudrait pouvoir lire dans les pensées intimes du poëte, étudier les circonstances particulières de sa vie ainsi que les événements publics contemporains, enfin, rapprocher et interpréter les textes actuellement connus.

Guillaume de Tudela se plaignait avec amertume de l'ingratitude et de l'avarice des barons du Midi, dont il avait souvent égayé les fêtes. « Le temps, dit-il, est devenu si dur, et si sordides sont maintenant les hommes de grande seigneurie, ceux qui devraient offrir l'exemple de la courtoisie, qu'ils ne savent plus donner la valeur d'un bouton. Aussi ne leur demandé-je pas chose qui vaille un charbon de la plus vile cendre de leur foyer. Que Dieu les confonde, le Seigneur qui fit le ciel et la terre (2). » Il était dans cette disposition d'esprit lorsque Baudouin de Toulouse le vit à Montauban et lui accorda sa libérale bienveillance. Baudouin accepta-t-il la plume du poëte ou chercha-t-il à la gagner à sa cause? On l'ignore. Il est seulement positif que Baudouin, ayant à lutter contre des préventions populaires hostiles à sa personne, devait attacher le plus grand prix à voir célébrer la croisade par un poëte dévoué à sa cause et rimant, dans l'idiome vulgaire, la langue romane du Midi.

---

(1) Fauriel, *Introduction à l'histoire de la Croisade*, p. XLVII.
(2) Fauriel, *Introduct.*, p. XXII. Chronique, p. 9.

Toute la première partie du poëme allant jusqu'aux préparatifs de la bataille de Muret, a été écrite sous l'influence et le haut patronage de Baudouin de Toulouse ; cela ne paraît pas douteux. Quand le poëte reprit sa narration, deux faits nouveaux et considérables s'étaient produits dans son existence. Il était pourvu d'un canonicat qui lui assurait une position indépendante, et son bienfaiteur avait cessé de vivre ; de là cette différence si absolue entre les deux manières d'apprécier les événements de la croisade. Elle est tout-à-fait dans les mœurs des troubadours, poëtes besogneux, insulteurs ou serviles, au gré de leurs intérêts. Si M. Fauriel avait pu constater que Guillaume de Tudela vécut des largesses de Baudouin de Toulouse, et que de nouvelles inspirations dictent les vers du poëte seulement après la mort de son protecteur, le frère du comte Raymond VI, il se serait dispensé de chercher une autre explication. Nous indiquons rapidement les conséquences à déduire des textes comparés et les conjectures qu'ils autorisent. Il nous suffit, puisque notre sujet nous y amène naturellement, d'offrir un nouvel aperçu de l'œuvre de Guillaume de Tudela, monument littéraire et historique de la plus haute importance.

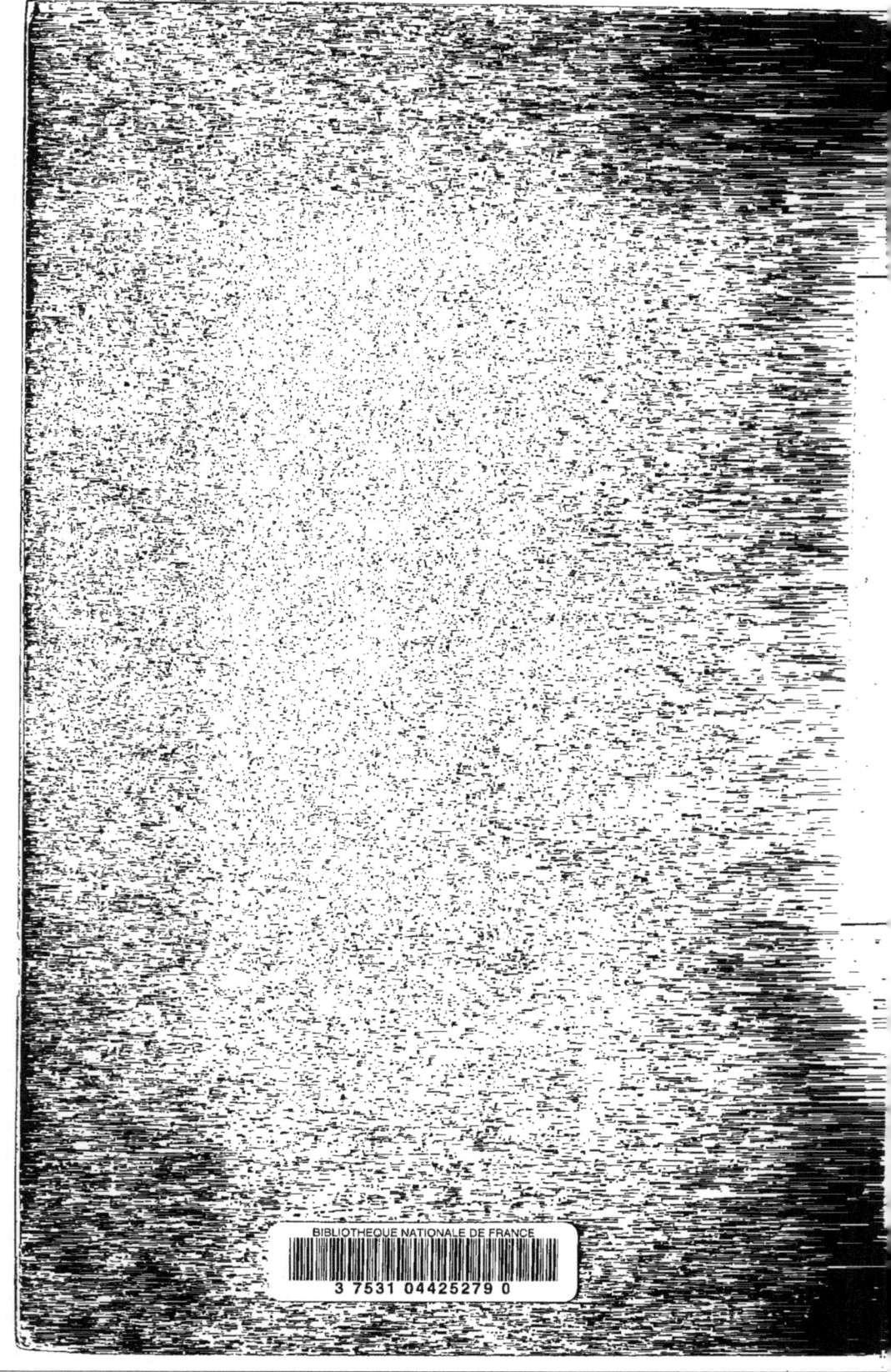

www.ingramcontent.com/pod-product-compliance
Lightning Source LLC
Chambersburg PA
CBHW060629050426
42451CB00012B/2503